D1735599

Etre jeune aujourd'hui

VERLAG LAMBERT LENSING · DORTMUND

Etre jeune aujourd'hui

Bearbeiter:	Norbert Becker
Beratung:	Detlef Köpf Elisabeth Sandhäger Udo Wolff
Sprachliche Durchsicht:	Bernadette Gauchet Mireille Mehlis
Fotos:	Norbert Becker

ISBN 3-559-33218-4

Table des matières

A l'école

Dans un atélier

Quelle voie prendre?

Deux jeunes, Anne et Marcel, qui habitent le même quartier, s'entretiennent.

Anne: J'habite toujours chez mes parents. Je n'ose pas les
5 quitter. J'ai peur de leur faire de la peine.

Marcel: Moi, en tout cas, j'ai l'intention de quitter la maison le plus tôt possible.

Anne: Moi aussi, j'aimerais bien vivre seule ou avec une copine; avec une copine, je crois même que cela serait
10 plus sympa. Mais je ne vois pas comment je pourrais annoncer ça à mes parents. Ils ne comprendraient pas et puis ils sont gentils avec moi, je ne peux pas me plaindre.

Marcel: Alors là, moi, j'aime autant te dire que les raisons
15 de quitter la baraque ne me manquent pas. Je ne m'entends plus avec mes parents, avec mon père surtout, et la vie en famille n'est pas drôle tous les jours.

Anne: Qu'est-ce qui ne marche pas avec ton père?

Marcel: Oh! beaucoup de choses. D'abord il avait rêvé que son
20 fils ferait beaucoup mieux que lui, il me voyait déjà docteur, prof ou ingénieur, un métier bien, quoi, avec beaucoup de diplômes.

Anne: Oui, évidemment ...

Marcel: Et puis, il n'arrête pas de me reprocher un tas de
25 choses: mes sorties, mes copains, la musique que j'aime. Il critique ma façon de m'habiller, la longueur de mes cheveux... Quand tu entends ça à longueur de journée, tu commences à en avoir ras le bol.

Anne: C'est pour ça que tu as quitté l'école et que tu es
30 entré en apprentissage?

Marcel: Oui, mais il faut dire que j'avais vraiment marre de l'école. Rester des heures entières à écouter un prof débobiner des trucs qui ne t'intéressent absolument pas, non merci.

35 Anne: Oui, bien sûr, d'un côté, je te comprends, d'un autre côté, tu aurais pu passer le bac, avec le bac, on peut quand même avoir une meilleure situation.

Marcel: Peut-être, mais moi, le bac, je m'en fiche. Ce que
        je veux, c'est gagner de l'argent le plus vite possible
40   pour pouvoir être indépendant et mener la vie qui me
        plaît.

Anne: C'est bien beau de vouloir être indépendant, mais re-
        garde, moi, je travaille à l'usine et ce n'est pas
        toujours drôle.

45 Marcel: Quoi, tu n'es pas contente de ton boulot? Tu gagnes pas
        mal ...

Anne: Oui, mais c'est dur l'usine, il faut s'y habituer, ça
        fait pourtant maintenant un an que j'y travaille, et
        je n'arrive toujours pas à supporter le bruit. Je ne
50   sais pas si tu le sais, mais je voulais être soignante
        dans un hôpital. J'ai passé le C.A.P. Sur vingt filles
        de ma classe trois sont rentrées dans des hôpitaux.
        Les autres sont comme moi à l'usine. Enfin, j'espère
        pouvoir obtenir une place plus intéressante.

55 Marcel: Il ne faut quand même pas oublier que tu as de sacrés
        avantages par rapport à moi, tu es déjà complètement
        indépendante financièrement. Au fait, quel âge as-tu
        exactement?

Anne: J'ai dix-huit ans et demi. Et toi?

60 Marcel: Je vais avoir bientôt dix-huit ans.

Anne: Oh! tu vas être bientôt majeur?

Marcel: Et je l'attends avec impatience, ma majorité! J'aime
        autant te dire que dès que je gagnerai un peu d'argent,
        je quitterai la maison. Ensuite je m'achèterai la moto
65   que mon père m'a toujours refusée, et puis on verra...

Texte fabriqué par Bernadette Gauchet et Danielle Endepols.

Explication de mots

copine n.f. (fam.): une camarade de classe, de travail - *sympa
(fam.abr.):* sympathique - *baraque n.f.:* construction en bois,
ici péj.: maison où l'on ne se plaît pas - *prof n.m. (fam.abr.):*
le professeur - *un métier bien (fam.):* une profession honorable -
à longueur de journée: du matin au soir - *en avoir ras le bol
(fam.):* en avoir assez - *apprentissage n.m.:* le fait d'apprendre
un métier manuel ou technique - *débobiner (fam.):* ici: dire,
raconter - *truc n.m. (fam.):* ici: chose, chose que l'on ne peut

pas ou ne veut pas désigner par son nom exact – *bac n.m. (abr.)*: baccalauréat – *je m'en fiche*: ça m'est égal – *boulot n.m. (fam.)*: le travail – *le C.A.P.*: le Certificat d'aptitude professionnelle, examen qui sanctionne normalement l'apprentissage d'un métier – ' *sacré,e*: ici: traduit une certaine admiration – *majeur,e (contr.: mineur,e)*: c'est être déclaré entièrement responsable (de ses paroles et de ses actes), actuellement à 18 ans – *majorité n.f.*: le fait d'être majeur, âge légal à partir duquel on est majeur.

Etude du texte

1. Anne s'entend-elle avec ses parents? Pourquoi veut-elle quitter sa maison?
2. Quelle est l'attitude de Marcel envers ses parents?
3. Pourquoi a-t-il quitté l'école?
4. Pour quelle(s) raison(s) Anne a-t-elle dû travailler à l'usine?
5. Comparez ce que disent Anne et Marcel. Où est-ce que leur comportement envers leurs parents correspond à des préjugés bien répandus?
6. En quoi les langages parlés par Marcel et Anne diffèrent-ils? Est-ce qu'il y a un rapport entre leur langage et leur comportement? Si oui, lequel?

Travaux pratiques

7. Vous connaissez certainement des clichés et préjugés concernant la vie des jeunes et des adultes. A l'aide des éléments ci-dessous formez des phrases qui contiennent des clichés bien connus. Essayez de renforcer ce que vous dites par: toujours/trop. Attention! Tout accord n'est pas possible. Cherchez dans un dictionnaire la signification des mots que vous ne connaissez pas encore.

La jeunesse d'aujourd'hui	(ne pas) être	superficiel, sceptique, léger,
Les adultes		occupé, brutal, insouciant, égoïste,
Les garçons/Les jeunes filles	devenir (de plus en plus)	immoral, curieux, grossier, (im)poli,
Les parents		paresseux, dynamique, (in)actif,
		(dés)obéissant, sincère, tolérant,
		(im)patient.

```
(ne pas) travailler dur
s'adapter à la situation
mener une vie agréable
critiquer les autres
se moquer de
refuser les autres
se résigner trop vite
faire des projets
rester à la maison
(ne pas) choisir une profession
(ne pas) apprendre un métier
(ne pas) se marier (vite)
```

perdre	la spontanéité
montrer	la désillusion
aimer	l'espérance/l'espoir de
témoigner	l'élan
	l'inquiétude
	la violence
	la révolte contre
	l'assiduité à/dans
	une grande libéralité
	respect de

La nouvelle génération

Introduction

En 1972 Gérard Vincent a fait une vaste enquête auprès de plusieurs
milliers de lycéens. Il en a publié les résultats dans son livre:
5 *Le peuple lycéen*. Nous en reprenons quelques points. La question
III. b) est tirée de l'hebdomadaire *Le Point* qui en mai 1973 a
publié les résultats d'un autre sondage concernant la jeunesse.

I. Les jeunes et l'autorité

a) Avec laquelle de ces propositions êtes-vous d'accord?

10 - il faut que certains commandent et d'autres obéissent............11%
- il est souhaitable que certains commandent et d'autres
  obéissent 18%
- il est inévitable que certains commandent et d'autres
  obéissent 53%
15 - refus de toute autorité,.. 9%
- autres propositions (et sans réponse)... 9%

b) Selon vous l'autorité doit-elle reposer sur:
- l'âge............3%   - le savoir......53%   - d'autres
- l'argent......1%   - la force...........2%   fondements............32%

20 II. Les jeunes et l'école

Pourquoi faites-vous des études?
- pour acquérir des connaissances... 25%
- pour pouvoir gagner ma vie 21%
- pour pouvoir choisir librement une profession.................... 26%
25 - pour réaliser ma promotion sociale...9%
- parce que mes parents m'obligent 5%
- d'autres raisons (et sans réponse).. 15%

III. Les jeunes et les parents

a) Avez-vous avec vos parents des relations
30 - de confiance totale................36%   - sans aucune communication...5%
- de confiance partielle.........55%   - autre type de relation............3%
                                          - sans réponse.................................2%

9

b) Les sujets de disputes avec les parents (oui/non/sans réponse)
- les résultats scolaires 59/39/2 - votre façon de vous
35 - votre façon de parler 55/43/2   habiller   27/72/1
- les sorties   42/56/2 - vos camarades   27/72/1
- l'argent   20/80/- - la politique   13/84/3

c) S'il y a incompréhension entre vos parents et vous, quelles
   en sont les causes?
40 - à cause de l'autorité des parents.............................3%.................
- à cause de la différence d'époques.................7%............
- parce que les parents sont jaloux.................1%............
- c'est une question d'âge.................20%............
- différence de mentalité.................15%............
45 - autres causes.................11%............
- sans réponses.................35%............

Extrait de: G. Vincent. *Le peuple lycéen*. Paris: Gallimard, 1974,
p. 137, 143, 145, 219, 221. © Editions Gallimard.
Le Point No 34, 14-5-73.

Vocabulaire

faire une enquête: s'informer en posant des questions à un grand
nombre de personnes - *hebdomadaire n.m.:* un journal, une revue qui
paraît une fois par semaine - *sondage n.m.:* ici: sondage d'opinion:
une enquête menée auprès d'un certain nombre de personnes choisies
et représentatives pour savoir l'opinion de toute la population -
promotion (n.f.) sociale: le fait de s'élever socialement, d'obtenir un rang plus haut - *incompréhension n.f.:* manque de compré-
hension, le fait de ne pas se comprendre.

Etude du texte

1. On pourrait peut-être diviser les réponses à la question I.a)
   en deux groupes. Lesquels, d'après vous, et pourquoi?
2. Que signifie la troisième réponse de I.a)?
3. Comparez les résultats des questions de II. avec ceux des
   points précédents.
4. En ce qui concerne la confiance, y a-t-il peut-être une
   évolution des relations parents-enfants, due à l'âge de
   ces derniers?

5. Quelle est l'image des parents telle qu'elle résulte des réponses à la question III.b)?

6. Qu'est-ce qui vous frappe dans les réponses à la question III.c)? Essayez de voir les rapports avec la première question (I.).

Discussion

7. Est-ce que vous aviez prévu les réponses faites par la majorité? Pourquoi (pas)?

8. Ajoutez aux questions I. et II. encore d'autres réponses possibles.

Travaux pratiques

9. Formez des phrases correctes à l'aide de ces parties encore en désordre et faites l'accord du verbe qui se trouve à l'infinitif:

Ce qui est peut-être surprenant c'est que - de ceux qui (refuser) - le nombre - toute autorité - est très petit. Des interrogés - 82% - (penser) qu'il (être) souhaitable ou inévitable que - (commander) - certains - et - (obéir) - d'autres. Mais celui qui -(détenir)- l'autorité - (devoir) prouver - la légitimation - de son pouvoir - par ses qualités - (le savoir p.e.). Raisonnable - (devoir) être - cette autorité; - sur des faits - elle (devoir) - qui sont compréhensibles - se baser. -(Refuser)- on - une autorité - sur une pure répression - fondée. - On considère - comme utile - l'école. - Des jeunes interrogés (enquêtés) - plus de la moitié - (penser) - que l'école - la porte - (ouvrir) - à la vie professionnelle. - (Etre) plus riche et plus libre - avec un diplôme scolaire - le choix de la profession.

10. Faites la liste des expressions se rapportant à la jeunesse.

Comment les jeunes dépensent-ils leur argent?

Le fait est là: de plus en plus, les jeunes quittent leur famille très tôt, soit par impossibilité de trouver du travail dans leur ville ou village natal, soit simplement par goût de l'indépendance.
5 Ils sont donc amenés à gérer eux-mêmes leur budget, chacun à sa façon, il est vrai. Mais l'enquête révèle que quelques options

principales leur sont communes, bien différentes de celles
qu'auraient, au même âge, choisies leurs parents.

Il n'est pas difficile de repérer la chambre d'un jeune. Qu'il
10 soit seul ou entouré de quelques camarades, vous vous dirigez
au son, vers la porte d'où jaillissent des flots de rythmes
anglo-saxons. L'électrophone et le transistor ont, en général,
la priorité parmi les nombreuses tentations que notre société
offre aux adolescents. C'est, le plus souvent, pour acquérir un
15 appareil à musique qu'ils contracteront leurs premières dettes.
Il leur faudra ensuite se tenir au courant de l'actualité, et
l'achat de disques ou de cassettes entamera largement leur
modeste budget.

Etre motorisé! C'est l'ambition de tous les jeunes de la nouvelle
20 génération. Dès l'âge de 14 ans, ils sont prêts à bien des sacri-
fices pour acquérir la "Mobylette" ou le "Solex" convoité. Dès 18
ans, ces engins jugés trop lents et peu nerveux leur paraissent
tout juste bons à mettre au rebut: ils entrent dès lors dans la
période "moto". Période, qui sera aussi de courte durée, et abou-
25 tira à l'achat d'une voiture, jugée plus confortable. Si presque
tous les jeunes que nous avons interrogés avaient ou désiraient
avoir une voiture, les raisons qu'ils en donnent paraissent assez
peu convaincantes.

Ils avouent ne s'en servir que rarement, en général pour les sor-
30 ties de fin de semaine. Alors? Pour le standing? Ils le nient
vigoureusement et invoquent surtout un "besoin d'évasion".

Loisirs et sorties: C'est l'un des postes de leur budget auxquels
les jeunes sont le plus attachés: et c'est normal! Ils travaillent
au bureau ou à l'usine pendant toute la semaine, ils vivent isolés
35 au rythme bien connu du "métro, boulot, dodo". La fin de semaine
est en quelque sorte leur revanche, et ils entendent en profiter.
Leur besoin de contacts humains est d'autant plus intense qu'ils
se retrouvent, chaque soir, entre leurs quatre murs. Mais leurs
distractions sont coûteuses, une soirée comportant un repas au
40 restaurant, une séance de cinéma, et un "pot" ou le bal à la sortie, se soldera facilement par un débours de 100 à 150 F, ce qui
porte la dépense mensuelle aux alentours de 450 F. Charge énorme
pour des revenus oscillant entre 1.200 et 1.800 F par mois.

C. Valle. "Comment les jeunes dépensent-ils leur argent?" Dans:
Le coopérateur de France. No 613, 29-6-74 (texte abrégé).

Vocabulaire

gérer: administrer un budget - *option n.f.:* ce que l'on a choisi - *repérer:* remarquer, reconnaître à l'aide de signes caracté- ristiques - *jaillir:* sortir avec force et rapidité - *électro- phone n.m.:* tourne-disque - *transistor n.m.:* ici: radio à tran- sistor - *tentation n.f.:* ce qui pousse au mal, ici: ce qui conduit les jeunes à dépenser beaucoup - *acquérir:* acheter, obtenir - *contracter:* ici: faire - *dette n.f.:* ce qu'une personne doit à une autre - *entamer:* diminuer, rendre plus petit parce qu'on uti- lise une partie - *Mobylette, Solex:* marques de vélomoteurs - *convoiter:* désirer très fortement - *engin n.m.:* une machine - *mettre au rebut:* se défaire de qc, parce qu'on n'en veut plus - *aboutir à:* terminer par, conduire à - *standing n.m.:* la position économique et sociale qu'occupe qn aux yeux des autres - *vigoureuse- ment:* avec force (vigueur) - *invoquer:* faire appel - *évasion n.f.:* action de s'échapper de là où l'on était enfermé - *les loisirs n.m.:* le temps libre - *boulot n.m.(fam.):* travail - *dodo n.m.(fam.):* sommeil - *pot n.m.ici: (fam.):* une consommation - *prendre un pot:* boire qc - *se solder par:* aboutir à, terminer par - *débours n.m.:* dépense, frais - *mensuel,le:* par mois - *aux alentours:* aux en- virons - *osciller:* ici: varier.

Etude du texte

1. Quelle est la situation des jeunes décrite au début de ce texte?
2. Quels sont les détails qui prouvent le grand amour des jeunes pour la musique? Pourquoi les dépenses pour la musique con- tinuent-elles?
3. Essayez de décrire l'évolution de l'attitude des jeunes en- vers les véhicules. Quelles en sont les raisons?
4. Pour quelle raison le poste "loisirs" est-il d'une aussi grande importance pour les jeunes?

Travaux pratiques

5. Nommez les termes qui se rapportent au centre d'intérêt "La jeunesse et l'argent" que vous avez rencontrés jusqu'ici.

6. Complétez la liste suivante en vous servant, si nécessaire,
   du dictionnaire:

consommer	consommation	consommateur
....	....	acheteur
utiliser	....	....
....	....	acquéreur
....	information	....
modifier	....	....
louer	....	....
....	vente	....
....	....	amateur
administrer	....	....
dépenser	....	
....	distraction	
opter	....	
....	conviction	
autoriser	....	
....	gestion	
aboutir	....	
nourrir	....	

7. Rédaction d'une lettre: Un apprenti/lycéen décrit dans une
   lettre à ses parents, qui habitent dans un village, comment
   il passe son temps libre, en ajoutant les raisons pour lesquelles il leur demande un peu d'argent pour joindre les deux
   bouts (avoir juste assez d'argent pour arriver à la fin
   d'un mois).

Discussion

8. Quelles pourraient être les dépenses indispensables pour un
   apprenti/lycéen? Quelles pourraient être d'après vous la
   somme et la répartition de ces dépenses indispensables?
9. Les dépenses faites pour la musique et les motos ne sont-elles
   pas dues aux "besoins" de la société de consommation? Justifiez
   votre opinion.
10. Est-ce qu'il y a d'autres possibilités d'occuper ses loisirs?
    Lesquelles? Est-ce qu'elles coûtent moins cher?

Il y a chômeurs et chômeurs

L'auteur parle d'abord de six catégories de chômeurs.

7. Les jeunes

...Le jeune Français d'aujourd'hui ne veut pas de l'usine. Si on
5   le décide à faire une tentative, il est souvent rebuté par
l'accueil qui lui est réservé, par le côté peu agréable des lieux
de travail, par l'indifférence glacée du commandement. Le plus
grave est le contraste entre la formation reçue et la tâche
confiée. Le jeune d'aujourd'hui sait plus de choses que son père,
10   parce qu'il est plus instruit, parce que la lecture, la télévi-
sion, la radio lui ont appris beaucoup. Au contraire, la tâche
confiée est souvent plus mécanique, plus parcellaire, plus mono-
tone, plus dénuée de responsabilité que celle que l'on a offerte
à son père à ses débuts.
15   Il y a, au-delà, chez les jeunes, un refus de la position de
travailleur-consommateur conditionné que leur assigne la société
industrielle. C'est un vaste débat.

Extrait de: R. Priouret. "Il y a chômeurs et chômeurs". Dans:
L'Express, 17-4-1973.

Vocabulaire

chômeur n.m.: qui n'a pas de travail - *tentative n.f.:* essai -
rebuter: décourager - *parcellaire adj.:* divisé en de très petits
morceaux - *dénué,e adj.:* privé de, sans - *assigner:* donner.

Etude du texte

1. Pour quelles raisons le jeune Français aime-t-il moins aller
   à l'usine que son père?
2. Essayez d'expliquer le terme: travailleur-consommateur conditionné.

Travaux pratiques

3. Dressez une liste des expressions se rapportant au travail
   à l'usine.

4. Au lieu d'un verbe choisissez l'expression nominale respective,
   suivant ce modèle: abonder de - avoir en abondance; haïr -
   prendre en haine etc.
   a) Yves <u>décide</u> d'entrer en apprentissage. b) On lui a <u>offert</u>
   une place dans une usine. c) Il croit être <u>mieux</u> <u>instruit</u> que
   son père. d) Mais il n'a pas été <u>formé</u> conformément à son
   métier. e) Le contremaître lui <u>confie</u> une tâche difficile.
   f) Les copains l'ont bien <u>accueilli</u>. g) Les premières difficultés sont <u>apparues</u>. h) Il a <u>débuté</u> comme beaucoup d'autres.
   i) Ce qu'il a vu <u>contrastait</u> avec ce qu'il avait pensé. k) Il
   en a beaucoup <u>débattu</u> avec ses parents. l) Heureusement il
   ne s'est pas <u>découragé</u>.

5. Remplacez l'expression prépositionnelle par un adverbe selon
   le modèle suivant: avec résolution - résolument; comme un roi -
   royalement:
   a) à titre personnel   h) avec vigueur
   b) du point de vue de la qualité i) comme un ami
   c) avec indifférence   k) à une heure tardive
   d) en général   l) à l'heure actuelle
   e) en toute logique   m) de façon définitive
   f) comme une machine   n) d'habitude
   g) avec soin   o) avec distraction

6. Rédigez une courte lettre qu'un jeune ouvrier écrit à son
   ancien instituteur, où il décrit sa première impression à
   l'usine. Utilisez à ce but aussi les expressions que vous
   avez trouvées dans le premier texte et essayez de profiter
   d'une partie des adverbes trouvés dans l'exercice ci-dessus.

<u>Discussion</u>

7. Que devrait-on faire pour attirer les jeunes à l'usine?

Le vote des jeunes

Elle est bien à l'image de la France, en somme, cette jeunesse
plus sage que certains ne l'imaginent, et réaliste, ô combien!
La création de ce mini-corps électoral qui d'après les son-
5 dages se caractérise par un vote assez semblable à celui des

aînés, légèrement plus à gauche que l'électorat actuel, une
augmentation des abstentions (50%) et une légère tendance à
voter pour les extrêmes n'a donc pas de quoi semer la panique.
L'Angleterre nous l'avait appris. Le 1er janvier 1970, la majorité
10 civile et politique y fut fixée à 18 ans. Lors des élections du
18 juin, tous les partis firent d'incroyables efforts de propagande pour se concilier les suffrages de ces trois millions
d'électeurs supplémentaires. Efforts vains: les jeunes Anglais
brillèrent par leur absentéisme ou ... votèrent comme papa.
15 Brutalement adulte à 18 ans, le jeune Français n'oublie pas si
facilement ses parents. Exemple, ce jeune cultivateur d'Azat-
le-Riz qui sortant de l'isoloir, répondit à un de nos enquêteurs:
- Papa m'a défendu de répondre à un journaliste ...
Carte d'électeur en poche, mais majeur seulement pour l'etat-civil!

Extrait de: *Paris-Match*, No 1317, 3-8-74.

Vocabulaire

corps (n.m.) électoral: ensemble des hommes et des femmes qui ont
le droit de voter - *abstention n.f.*: le fait de ne pas voter le
jour d'une élection - *ne pas avoir de quoi...+ inf.*: ne pas avoir
de raison de - *se concilier*: attirer à soi, se procurer - *suffrage
n.m.*: la voix d'un électeur - *supplémentaire adj.*: qui a été
ajouté à autre chose - *absentéisme n.m.*: comportement de celui
qui ne vote pas - *isoloir n.m.*: cabine où l'on prépare le bulle-
tin de vote.

Etude du texte

1. Dites en peu de mots quelles sont les tendances
   électorales de la jeunesse.
2. Quelle a été l'erreur des partis britanniques?
3. Quel est le rôle du père pour le jeune homme à qui parle le
   journaliste?
4. Essayez de décrire la position de l'auteur de cet article.
5. Est-ce que les arguments de cet auteur sont convaincants?
   Justifiez votre opinion.
6. Quelle est la différence entre cet extrait d'un article et
   les sondages que nous avons publiés à la page 9?

7. Dans ce texte-ci il y a les mots: élection, électeur, (corps)
   électoral. Quel est le verbe respectif? Que signifie: éligible,
   éligibilité? Consultez un dictionnaire pour trouver la signification et l'emploi de: voter, le vote, le suffrage.

8. Transformez les expressions nominales en expressions verbales
   d'après le modèle suivant: faire un projet - projeter qc.

on fait abstention de vote	l'évolution des mœurs
on fait un effort de propagande	l'émancipation des jeunes
on a tendance à voter pour	faire le choix de qc
la participation des jeunes à qc	faire ses débuts dans qc
le consentement des parents à qc	faire une dérogation à qc
une exigence à l'égard des jeunes	
une augmentation des abstentions	

   Trouvez d'autres exemples, aussi dans les textes lus jusqu'ici.

9. Les propositions causales et adversatives.
   Reliez les phrases suivantes en mettant "comme" (au début de
   la phrase), "puisque" (pour indiquer une raison qu'on connaît),
   "parce que" (rarement au début de la phrase) ou "bien que"
   (+ subj.), "quoique" (+ subj.) comme le sens l'exige:
   a) Les partis ont voulu se concilier beaucoup de voix de
      jeunes électeurs. Ils ont fait de grands efforts.
   b) Les partis ont fait une propagande énorme. Les jeunes ont
      voté comme leurs parents.
   c) La majorité vient assez tôt. Les jeunes conservent des liens
      avec la famille.
   d) On a beaucoup parlé de la majorité. Le nombre de modifica-
      tions a étonné une grande partie des jeunes.
   e) Beaucoup de jeunes vivent de l'argent reçu de leurs parents.
      La majorité ne change pas grand-chose.
   f) On n'a pas consulté les jeunes. Les connaissances des nou-
      veaux droits sont assez floues.
   g) Les moins de 21 ans sont responsables de leurs actes. Ils
      ne connaissent pas leurs nouveaux devoirs.

Sujet ennuyeux

Toute ma vie, j'ai entendu parler de la jeunesse. Toute ma vie
ce sujet m'a ennuyé. Non que ce soit un sujet plus ennuyeux
qu'un autre, mais il me semble qu'il inspire surtout les imbé-
5   ciles. De même, on se repasse de génération en génération un
lot de poncifs sur la jeunesse pure, ardente, impatiente,
désintéressée, éprise d'idéal, généreuse, révoltée contre
l'injustice, imprudente, brave, romantique, révolutionnaire,
etc. Je n'ai rien vu de semblable, ni quand j'étais jeune, ni
10   à présent. J'ai vu des individus variés qui n'avaient en commun
que d'avoir vingt ans et parfois les mêmes idées politiques.
Au reste, ces individus ne se ressemblaient nullement entre eux.
Il y en avait d'intelligents et d'idiots, de sérieux et de
farceurs, de travailleurs et de paresseux, de bons et de
15   méchants, de courageux et de lâches, de conservateurs et de
progressistes.
Si la jeunesse a des caractères communs, ce sont des caractères
négatifs: incertitude, goût pour les auteurs médiocres, ignorance
de ces choses subtiles qu'on n'apprend qu'après avoir tâté de
20   l'existence. Par exemple, les jeunes gens sont souvent pris au
dépourvu, étant volontiers rationalistes. Ils ne savent pas
que lorsqu'on n'a ni opinion ni doctrine sur un sujet, il faut
se forger des maximes arbitraires, qui au moins permettent
d'opposer à des adversaires une attitude cohérente ...
25   J'ai des souvenirs précis de ma jeunesse et des gens qui étaient
jeunes en même temps que moi. Parmi ceux-ci très peu me ressemblaient. J'en concluais deux choses: ou qu'ils ne se ressemblaient
pas davantage entre eux, ou que je ne ressemblais pas davantage
à personne. Dans l'ensemble, les gens de ma génération que je
30   voyais à vingt ans reproduisaient la société des adultes. Je
veux dire que la plupart me paraissaient des gens ordinaires,
égoïstes et conformistes. Leur conformisme n'était pas le même
que celui de leurs parents (ou pas tout à fait le même) mais
il était tout aussi plat et méchant.

J. Dutourd. *L'école des jocrisses*. Paris: Livre de poche
No 3712, p. 7 (texte légèrement abrégé).

Vocabulaire

jocrisse n.m.: nom d'un personnage de théatre qui est maladroit, ridicule - *lot n.m.:* ici: quantité, un certain nombre de choses (de même nature) - *poncif n.m.:* cliché, lieu commun, idée qui est celle de tout le monde - *épris,e adj.:* qui éprouve de la passion - *être pris au dépourvu:* ici: être questionné sur un sujet alors qu'on n'a pas d'opinion là-dessus - *maxime n.f.:* ici: principe, jugement d'ordre général - *arbitraire adj.:* qui dépend de la seule volonté.

Etude du texte

1. Pourquoi le sujet "la jeunesse" a-t-il toujours déplu à l'auteur?
2. En quoi l'image de la jeunesse comme la décrit J. Dutourd se distingue-t-elle de celle des autres?
3. Comment J. Dutourd qualifie-t-il les autres? Et quelle conclusion peut-on en tirer sur l'auteur?
4. Quelle est l'expérience que l'auteur a faite dans sa jeunesse à ce sujet?
5. Dans quelle mesure son jugement sur ses contemporains (dans sa jeunesse) correspond-il à celui du début?
6. Essayez de trouver les moyens de style que l'auteur utilise pour donner plus d'effet à ce qu'il dit.
7. Essayez de caractériser cette sorte de texte en tenant compte des thèses de l'auteur et de son style.

Travaux pratiques

8. Dans le texte il y a beaucoup d'adjectifs désignant des oppositions. Dressez une liste de ces oppositions.
9. Les phrases exprimant une condition.
   Complétez les phrases suivantes d'après ce modèle: Si la jeunesse avait des traits communs, ce seraient des traits négatifs pour l'auteur.
   a) Si les adultes (regarder) ... de plus près les jeunes, ils constateraient beaucoup de différences. b) Si nous (entendre) ... parler sans cesse de la jeunesse, ce sujet nous ennuierait. c) Si les clichés sur la jeunesse (être) ... vrais, tous les jeunes se ressembleraient. d) Si les adultes

(avoir) ... des souvenirs précis de leur jeunesse, ils
(pouvoir) ... sans doute mieux comprendre les jeunes
d'aujourd'hui. e) Si les jeunes (avoir) ... plus d'opinions
personnelles, ils ne (être) ... pas pris au dépourvu.
f) Il y a des jeunes qui (choisir) ... une autre profession,
s'ils (pouvoir) ...

Discussion

1o. Est-ce que le conseil donné par l'auteur de se forger des
maximes empêche tout contact avec la réalité et une vraie
liberté de la pensée? Qu'en pensez-vous?
11. Que pensez-vous des autres thèses de cet auteur?

L'Orientation

Le printemps arriva. L'été. Puis l'hiver. J'avais eu mon Certificat du premier coup; manque de pot; j'aurais bien tiré un an
de plus, mais ils me reçurent. Je ne pourrais plus aller à
5   l'école.
A l'Orientation, ils me demandèrent ce que je voulais faire
dans la vie. Dans la vie. Est-ce que je savais ce que je voulais
faire, dans la vie?
- Alors? dit la femme.
10 - Je ne sais pas.
- Voyons: si tu avais le choix, supposons.
La femme était gentille, elle interrogeait avec douceur, pas
comme une maîtresse. Si j'avais le choix. Je levais les épaules.
Je ne savais pas.
15 - Je ne sais pas.
- Tu ne t'es jamais posé la question?
Non. Je ne me l'étais pas posée. Du moins pas en supposant que
ça appelait une réponse; de toutes façons ça ne valait pas la
peine. On m'avait fait enfiler des perles à trois trous dans
20 des aiguilles à trois pointes, reconstituer des trucs complets
à partir de morceaux, sortir d'un labyrinthe avec un crayon,
trouver des animaux dans des taches, je n'arrivais pas à en voir.
On m'a fait faire un dessin. J'ai dessiné un arbre.
- Tu aimes la campagne?

25 Je dis que je ne savais pas, je croyais plutôt que non.
- Tu préfères la ville?
A vrai dire je crois que je ne préférais pas la ville non plus.
La femme commençait à s'énerver. Elle me proposa tout un tas de
métiers aussi assommants les uns que les autres. Je ne pouvais
30 pas choisir. Je ne voyais pas pourquoi il fallait se casser la
tête pour choisir d'avance dans quoi on allait se faire suer.
Les gens faisaient le boulot qu'ils avaient réussi à se dégotter
et de toutes façons tous les métiers consistaient à aller le
matin dans un truc et y rester jusqu'au soir. Si j'avais eu une
35 préférence, ç'aurait été pour un où on restait moins longtemps,
mais il n'y en avait pas.

- Alors, dit-elle, il n'y a rien qui t'attire particulièrement?
J'avais beau réfléchir, rien ne m'attirait.
- Tes tests sont bons pourtant. Tu ne te sens aucune vocation?
40 Vocation. J'ouvris des yeux ronds. J'avais lu dans un de ces
bouquins l'histoire d'une fille qui avait la vocation d'aller
soigner les lépreux. Je ne m'en ressentais pas plus que pour
être bobineuse.

- De toutes façons, dit la mère, ça n'a pas d'importance qu'elle
45 ne veuille rien faire, j'ai plus besoin d'elle à la maison que
dehors. Surtout si on est deux de plus ...
On croyait que c'était des jumeaux cette fois.

Tout de suite ce qui me manqua, c'est l'école. Pas tellement la
classe en elle-même, mais le chemin pour y aller, et, par-dessus
50 tout, les devoirs du soir. J'aurais peut-être dû dire à l'orienteuse que j'aimais faire des devoirs, il existait peut-être un
métier au monde où on fait ses devoirs toute sa vie. Quelque
part, je ne sais pas. Quelque part.

Je me sentais inoccupé. Je n'arrêtais pas, mais je me sentais
55 tout le temps inoccupé. Je cherchais ce que j'avais bien pu
oublier, où, quand, quoi? ... Je ne sais pas. Au lieu de me
dépêcher pour être débarrassée, je traînais: débarrassée, pour
quoi? Le soir, j'étais fatiguée, mes yeux se fermaient, il me
semblait ou qu'il n'y avait pas assez de lumière, ou qu'il y en
60 avait trop. Je ne sais pas. Avant, le soir, je commençais à me
réveiller, maintenant je tombais. Et une fois au lit, alors
impossible de m'endormir. Je versais quelques larmes. C'était

22

devenu une habitude. Je ne savais même à quoi penser.
L'hiver passa. Le printemps revint. Le printemps, le printemps...

D'après: C. Rochefort. *Les petits enfants du siècle*. Paris:
Grasset, 1961, p. 121 (texte abrégé).

Vocabulaire

Certificat n.m.: ici: Certificat d'Etudes Primaires; examen que
l'on passe à la fin de la scolarité primaire, destiné aux élèves
qui ne sont pas entrés dans l'enseignement secondaire - *pot n.m.*
(fam.): ici: chance - *manque de pot*: manque de chance - *tirer un
an de plus*: faire un an de plus - *être reçu*: ici: réussir à
l'examen - *l'Orientation n.f.*: organisme qui aide les jeunes à
choisir une profession - *de toutes façons*: quoiqu'il en soit
(pourtant) - *enfiler des perles*: mettre les perles l'une après
l'autre autour d'un fil, d'une ficelle - *aiguille n.f.*: instrument
long et pointu dont on se sert pour coudre ou tricoter - *truc n.m.*
(fam.): chose quelconque dont on ne peut pas ou ne veut pas donner
le nom exact - *s'énerver*: perdre patience - *assommant,e adj.*
(fam.): ici: qui ennuie énormément - *se casser la tête (fam.)*:
réfléchir longuement - *se faire suer (fam.)*: s'embêter, s'ennuyer -
boulot n.m. (fam.): travail - *dégotter (pop.)*: trouver, découvrir -
particulièrement: spécialement, plus qu'un autre - *vocation n.f.*:
ici: disposition, attirance pour une profession - *lépreux,se n.m.*
ou f.: celui qui a la lèpre, une maladie contagieuse de la peau -
bobineuse n.f.: ouvrière chargée d'enrouler le fil sur les bo-
bines (Spulen) - *(frères) jumeaux*: deux enfants nés d'une mère
en même temps - *être débarrassé,e*: être délivré de ce qui ennuyait,
gênait.

Etude du texte

1. La jeune fille a eu son Certificat d'Etudes Primaires du
   premier coup. Pourquoi parle-t-elle quand même d'un "manque
   de pot"?
2. Quels sont les moyens auxquels l'Orientation a recours pour
   trouver une aptitude, un talent jusqu'alors cachés?
3. Essayez de décrire l'attitude de "l'orienteuse" envers la
   jeune fille.

4. Qu'est-ce que les différents métiers ont en commun pour la jeune fille?

5. Quel est pour la femme "orienteuse" le mot-clé totalement incompris par la fille? Que signifie ce mot?

6. Pourquoi la mère veut-elle retenir sa fille à la maison?

7. Quels sont les sentiments de la fille quand elle a quitté l'école et l'Orientation?

8. Quelles sont les différentes parties du texte? A quoi l'indication des saisons sert-elle?

9. Analysez le langage. S'agit-il de la langue parlée? Où et pourquoi? Quelles pourraient être les intentions de l'auteur?

10. Sous quelles perspectives ce texte est-il écrit? Si l'auteur n'écrit pas sous une seule perspective, pourquoi?

11. Comparez ce texte-ci au texte "Il y a chômeurs et chômeurs". En ce qui concerne la forme et le contenu est-ce qu'il y a des convergences/divergences?

Travaux pratiques

12. Mettez au discours indirect:
    a) L'orienteuse a demandé à la jeune fille: Qu'est-ce que vous aimez dessiner?
    b) La jeune fille a répondu: J'aime dessiner des arbres.
    c) L'orienteuse a demandé: Avez-vous déjà travaillé pendant vos vacances?
    d) La jeune fille a répliqué: J'aide ma mère pendant mes vacances.
    e) Elle a ajouté: J'accompagnerai mes parents cet été et après je serai libre.
    f) La mère a conclu: Actuellement j'ai besoin de ma fille, et j'aurai besoin d'elle pendant quelques années encore.
    Dans le texte il y a encore d'autres phrases au discours direct que vous pourrez mettre au discours indirect.

13. Après + inf.; avant de + inf.
    Reliez les phrases suivantes d'après ce modèle: J'ai été reçue, j'aurais dû ensuite choisir une profession. - Après avoir été reçue, j'aurais dû choisir une profession.
    Au besoin prenez "avant de".
    a) J'ai passé mon Certificat. Puis je suis allée à l'Orientation.

b) Je n'ai pas eu de réponse d'abord. J'ai dû enfiler des perles.

c) J'ai posé quelques questions. Puis la dame m'a fait faire plusieurs choses.

d) L'orienteuse m'a proposé plusieurs métiers. Puis elle m'a demandé ce qui m'intéressait particulièrement.

e) Ma mère n'était pas encore sortie de la salle. Elle a dit qu'elle avait besoin de moi.

f) Souvent le soir, je ne pouvais pas m'endormir, mais je ne savais même à quoi penser.

14. Ecrivez un petit article sur les difficultés que rencontre le Service d'orientation en tenant compte des expressions de ce texte.

Discussion

15. Quelles pourraient être les perspectives d'avenir que la jeune fille a devant les yeux?

16. Pourquoi la jeune fille n'arrive-t-elle pas à formuler un désir, une tendance, un penchant personnels?

17. Que pensez-vous de l'attitude des parents et du rôle de la femme dans ce texte? Tenez compte de la situation de la famille.

Education et autorité

Parmi les fonctions essentielles visibles de la famille, la principale est l'éducation des enfants. La famille s'en laisse peu à peu dépouiller à un point tel qu'on peut parler d'une
5 véritable démission parentale.
La civilisation moderne a créé des besoins nouveaux qui, pour être satisfaits, demandent beaucoup d'argent. Logement confortable, voiture, appareils électroménagers, indispensables vacances d'été, voilà qui coûte fort cher. De là, nécessité
10 pour le père de gagner beaucoup et d'être un faiseur d'argent avant d'être un papa. Il doit travailler intensément, souvent au détriment de sa santé et de son équilibre nerveux. Il rentre le soir au foyer non seulement fatigué, mais encore irritable, excité ou, au contraire, veule et sans réaction, n'aspirant
15 qu'au repos. Aussi la plupart du temps se laisse-t-il aller

et se décharge-t-il sur la mère du soin d'élever les enfants.

Mais la mère, bien souvent, n'est pas en mesure, elle non plus
de remplir son rôle d'éducatrice. A sa besogne ménagère s'ajoute
bien souvent un travail professionnel, accepté pour apporter au
20 foyer un salaire d'appoint, permettant un niveau de vie plus
élevé. Elle aussi rentre au foyer soucieuse et fatiguée. Dans
un logement souvent trop petit, les enfants, par nature joueurs
et bruyants, sont vite considérés comme des indésirables. Il
n'est pas question de contrôler leur travail scolaire de la
25 journée ou de les aider à préparer celui du lendemain. Pour
jouir d'un peu de calme, les parents leur permettent - s'ils
ne l'ordonnent pas - d'aller jouer dehors. Pour la même raison,
les jours de congé, on leur donnera l'argent nécessaire pour
le cinéma ou la fête foraine. D'autres parents, plus conscients
30 de leurs responsabilités, confient leurs fils et leurs filles
à des patronages, à des associations de jeunes ou à un mouve-
ment scout. Enfin, comme les vacances scolaires ne correspondent
pas toujours aux congés annuels des parents - surtout par leur
longueur - les enfants sont envoyés en colonie de vacances pour
35 un mois, parfois davantage. Pendant ce temps, les parents
respirent. Et c'est ainsi qu'insensiblement les enfants prennent
l'habitude de vivre en dehors du foyer familial. Ils finissent
par le considérer comme une sorte d'hôtel où l'on vient s'abriter, se nourrir et toucher l'indispensable argent de poche.
40 Mais leur vie affective est ailleurs. Comment s'étonner, dans
ces conditions de la disparition de l'autorité parentale? Mais
cette disparition n'est pas due seulement aux conditions écono-
miques actuelles. Elle est également le fait de doctrines péda-
gogiques mal comprises et surtout mal appliquées. Il s'agit
45 avant tout de faire agir l'enfant, de l'amener à comprendre,
et non de lui imposer un modèle à imiter. Mais ces théories
sont d'une application très délicate.

J. Prévost. "Education et autorité". Dans: *Le Monde. Dossiers
et Documents*. No 7, janvier 1974.

Vocabulaire

essentiel,le adj.: ce qu'il y a de plus important - *dépouiller:*
ici: déposséder - *démission (n.f.) parentale:* le fait que les

parents renoncent (volontairement ou non) à l'éducation de leurs enfants - *appareil (n.m.) électroménager*: appareil électrique qui sert dans la maison (réfrigérateur, lave-vaisselle etc.) - *au détriment de*: au désavantage de - *irritable adj.*: qui se met facilement en colère - *veule adj.*: qui n'a pas d'énergie, faible - *besogne (n.f.) ménagère*: le travail de la maîtresse de maison (laver, faire la cuisine) - *foyer n.m.*: ici: la maison - *salaire (n.m.) d'appoint*: le salaire de la femme complète celui du mari - *soucieux,se adj.*: qui est préoccupé, troublé par l'inquiétude - *indésirable adj.*: dont on ne désire pas la présence - *fête (n.f.) foraine*: fête du village, qui a lieu une fois par an - *s'abriter*: se protéger, ici: loger - *indispensable adj.*: dont on ne peut se passer, absolument nécessaire.

Etude du texte

1. Comment la situation de la famille se présente-t-elle souvent aujourd'hui?
2. Quel est le nouveau rôle du père, d'après cet article?
3. Quelles sont les nouvelles tâches de la mère selon l'auteur?
4. Quelle est la situation familiale des enfants qui en résulte?
5. Quelles sont les conséquences pour la famille?
6. Y a-t-il pour l'auteur encore d'autres raisons justifiant la disparition de l'autorité parentale? Si oui, lesquelles?
7. Quelle est la structure de cet article?
8. Essayez de caractériser le ton de cet article. Considérez la longueur des phrases, la relation entre les principales et les subordonnées, le choix des mots.
9. Il y a des procédés journalistiques (voir par exemple: "Le vote des jeunes") auxquels cet auteur renonce. Par quoi essaie-t-il de les "remplacer"?

Travaux pratiques

10. Soulignez dans le texte toutes les expressions ayant rapport à la famille.
11. Retracez les grandes lignes du texte.
12. Reliez les propositions suivantes à l'aide du participe présent.
    a) La famille se laisse peu à peu dépouiller de l'éducation

des enfants; on peut parler d'une démission parentale.
b) La civilisation moderne a créé des besoins nouveaux. On
dépense beaucoup d'argent. c) Le père doit gagner beaucoup
d'argent. Il n'a pas le temps d'être "un papa". d) Le salaire
d'appoint de la mère permet un niveau de vie plus élevé; il
apparaît indispensable à beaucoup de familles. e) La mère
accomplit une double tâche; elle n'est plus en mesure de
remplir son rôle d'éducatrice. f) Les vacances scolaires ne
correspondent pas toujours aux congés payés; les enfants
sont envoyés en colonie de vacances.

Discussion

13. Si le niveau de vie a un effet négatif sur la vie familiale,
    ne faut-il pas le négliger? Justifiez votre opinion.
14. Prenez position vis-à-vis de la thèse du texte suivant:
    Les jeunes qui prononcent, ou pensent, leur "Familles-je-vous-
    hais" sont rarement des loups solitaires. Sitôt leurs père
    et mère rejetés, ils se constituent en bande, groupe, commu-
    nauté, cercle qu'ils baptisent, à l'américaine, tribu ou
    famille. C'est le bonheur: chacun choisit tous les autres,
    ou du moins le croit.

Un petit nid d'amour

La scène est déserte. On entend des voix en coulisse.
Voix de femme: ... ton père t'a tout mis ... mais fais bien
attention ... il a travaillé dur toute sa vie pour toi ... pour
5 que tu sois lancé dans la vie et que tu ne manques de rien.
Voix du jeune homme: Oui, m'man ...
*Côté cour, nous voyons apparaître une partie de la valise du
jeune homme et son dos.*
Voix de femme: Fais bien attention à tout ...
10 *Voix d'homme:* Mais il se débrouillera bien sans toi ...
Voix de femme: Allez, sois prudent ... gaspille pas tout ...
nous avons travaillé pour que tu sois à l'abri ...
*On entend des bruits de baisers bruyants et larmoyants, le jeune
homme entre avec sa valise. Il se tourne vers les coulisses et
15 fait au revoir de la main. Il regarde autour de lui, l'air un
peu perdu. Il pose sa valise et fait un dernier au revoir. Il
s'assoit sur sa valise et regarde devant lui. On entend des*

voix côté jardin.

Voix de femme, larmoyante: ... promets-moi de penser à nous de

20 temps en temps ...

Voix d'homme: Mais voyons, à son âge, il est normal de quitter

ses parents ... elle ne peut pas rester dans tes jupes jusqu'à

soixante-dix ans ...

(Sanglots de femme.) Allez, embrasse ta mère et pars ... *(Les*

25 *sanglots redoublent. Une jeune fille entre, une valise à la main.*

On entend une musique de chanson d'amour. Elle fait quelques pas,

puis s'assoit sur sa valise. Elle ne voit pas le jeune homme. Le

jeune homme se lève, fait quelques pas, puis retourne s'asseoir

sur sa valise. Ils sont éloignés au maximum l'un de l'autre et

30 *ne se regardent pas. Ils se laissent griser par la musique.*

Paroles de la chanson: ... L'amour me prendra par la main ... par

la main ... toujours dans tes bras, mon amour ... Aïe! je veux

souffrir ... je veux souffrir pour ton amour ... n'aimer que toi

... toujours avec toi ... pleurer ensemble ... la main dans la

35 main ... les yeux dans les yeux ... je n'aimerai que toi ... le

monde n'existe plus ... rien que toi.

Elle pousse un long soupir. Il pousse un long soupir. Il tourne

la tête et il aperçoit la jeune fille. Il se redresse et se tient

très droit. Elle aperçoit le jeune homme. Elle met sa main dans

40 *ses cheveux, puis baisse la tête. Il se lève et rapproche un peu*

sa valise de celle de la jeune fille.

Chanson: ... toute la vie mon amour je ne regarderai que toi ...

la vie sera belle dans tes bras, mon amour ...

La musique continue en sourdine. Elle prend sur le côté de sa

45 *valise un grand miroir à main et un peigne. Elle se donne deux*

coups de peigne rapidement et range le tout. Il allume une

cigarette pour se donner une contenance. Il tousse et manque

d'étouffer. Il attend de croiser son regard pour lui sourire.

Il lui sourit. Elle tourne rapidement la tête. Il rapproche encore

50 *un peu sa valise.*

Lui: Mademoi... je vous ... je vous prie d'excuser mon audace ...

(rapide): Voudriez-vous m'accorder le plaisir de vous inviter à

prendre deux doigts de porto?

Elle: Je ne sais pas si je dois ... je ne vous connais pas ...

55 juste un doigt, c'est juré? Vous ne cherchez pas à m'enivrer et

à abuser de moi?

Lui: Comment de telles pensées peuvent-elles se former derrière
d'aussi jolis yeux? Un doigt, c'est juré. *(Il ouvre sa valise et*
en sort une bouteille de porto. Il pose par terre un paquet de
60 *biscuits, afin de pouvoir sortir deux verres de sa valise, puis*
range le paquet dans sa valise. Il remplit les deux verres et en
tend un à la jeune fille). A notre heureuse rencontre ... *Elle*
boit une gorgée.

Elle, très timide: Je prendrais bien un biscuit avec ... *(Le*
65 *jeune homme se lève, ouvre sa valise, sort le paquet et tend un*
biscuit à la jeune fille). Ils sont très bons ... A la maison,
je les trempais ... cela ne vous dérange pas?

Lui: Faites comme chez vous ... *(Elle trempe le biscuit dans son*
verre et le mange). Vous en voulez un autre? *(D'une main, il tend*
70 *le paquet à la jeune fille et de l'autre, il rapproche encore un*
peu sa valise. Elle trempe son biscuit, il rapproche encore sa
valise. Les deux valises se touchent).

Extrait de: G. Michel. *Un petit nid d'amour.* Paris: Gallimard,
1970, p. 11 - 14. © Editions Gallimard.

Vocabulaire

gaspiller: dépenser inutilement - *larmoyant,e adj.:* plein de
larmes - *rester dans les jupes:* rester sous l'autorité et la
protection maternelles - *sanglot n.m.:* dans une crise de larmes
les sanglots secouent tout le corps - *soupir n.m.:* respiration
profonde et bruyante qui exprime un ennui, une émotion etc. -
se donner une contenance: se donner une certaine allure pour
cacher un embarras - *croiser:* rencontrer - *audace n.f.:* grande
hardiesse, excès de courage - *en sourdine:* très bas - *porto n.m.:*
vin portugais - *enivrer:* rendre ivre par l'abus d'alcool -
abuser (d'une femme): violer - *tremper:* plonger dans un liquide.

Etude du texte

1. Qui est-ce que les voix invisibles représentent?
2. Comment la séparation des enfants d'avec les parents se
   fait-elle les deux fois? Essayez de voir une différence
   entre l'attitude de la mère et celle du père.
3. Quelle impression le jeune homme fait-il sur vous?
4. Comment le jeune homme s'y prend-il pour se rapprocher de
   la jeune fille?

5. Les indications pour la mise en scène déterminent l'effet de
   ce texte. Quels sont les points essentiels?
6. Quelle est la fonction de la chanson d'amour?
7. Essayez de reconnaître la structure de cette scène.
8. Y a-t-il des éléments comiques dans cette scène? Si oui,
   quels sont ces éléments?
9. Est-ce une scène réaliste? Tenez compte des indications de
   la mise en scène, des paroles des parents et aussi de la
   chanson d'amour.
10. Comparez le langage des deux textes: "Education et autorité"
    et "Un petit nid d'amour". Comment le premier texte doit-il
    compenser les indications de la mise en scène?

Discussion

11. Comparez l'attitude des parents (de ce texte-ci) à la situa-
    tion décrite dans "Education et autorité".
12. Est-ce que les deux jeunes gens sont déjà majeurs, capables
    de vivre loin de la famille?
13. La lecture d'une telle scène comique peut-elle contribuer
    à éclaircir la réalité, à résoudre des problèmes ou s'agit-il
    d'un rire sans conséquences individuelles?

Faut-il couper les études?

La rentrée fera date dans l'histoire de l'Education nationale.
S'adressant à des professeurs de l'enseignement libre M. Pierre
Messmer, Premier ministre du président G. Pompidou a annoncé
5   que dès 1974 des enfants pourraient être mis en apprentissage
à partir de 14 ans.
Bien entendu on sauve les formes. Officiellement, ils resteront
"dans le cadre de l'Education nationale". On parle de stage en
entreprise. Mais personne n'est dupe. Ces enfants, au nombre
10 de 15.000 à l'heure actuelle, n'ont pas trouvé place dans le
système scolaire français. Ils ont échoué même à l'entrée des
collèges d'enseignement technique, qui constituent pourtant le
dernier degré de la hiérarchie universitaire. Ils ont perdu leur
temps à l'école, ils continuent de le perdre dans des classes
15 de transition, attendant que la loi les libère le jour de leurs
16 ans.
Le Premier ministre a jugé qu'il était inutile de prolonger

l'expérience. Mieux valait les mettre tout de suite au travail.
Dans l'intérêt de tout le monde. Le leur, celui de leur famille
20 et même, à bien regarder, celui du pays.
L'affaire est grave. Car il ne s'agit pas d'une mesure de cir-
constance dictée par un souci d'économie. Si cher que coûte
l'Education nationale, la France a les moyens de consentir l'effort
nécessaire. Le Premier ministre ne songe pas non plus, en priorité,
25 à satisfaire la clientèle électorale des petits commerçants, des
artisans de quartier, qui réclamaient depuis longtemps cette
mesure.

Le raisonnement qui vaut pour les apprentis peut valoir pour
d'autres pris aujourd'hui en charge par l'Education nationale.
30 Ne perdent-ils pas eux aussi leur temps à l'école, chacun à
son niveau? M. Messmer n'a pas caché qu'il le croyait. Précisant,
cette fois, qu'il parlait à titre personnel, il a déclaré: "Je
préférerais que les études finissent plus tôt, je suis hostile
à leur prolongation." Il a ajouté: "Si le baccalauréat dispa-
35 raissait ce ne serait pas une catastrophe nationale." Il ne
suffit pas de défendre l'Ecole, foyer de culture et de civilisation. Il faut aussi se demander ce que deviennent, aujourd'hui,
les enfants qui s'y entassent de plus en plus nombreux, pour une
durée de plus en plus indéterminée. Quel avenir leur prépare-t-on?
40 Le malaise est profond. Tous les enfants de 11 ans entrent en
sixième. Mais tous n'ont pas la tournure d'esprit assez parti-
culière qui permet de se passionner pour la culture humaniste,
ou ce qui en reste. Les autres encombrent les classes, empêchent
souvent leurs camarades de travailler ...

45 Tous les ans, maintenant, au deuxième trimestre, les lycéens
trouvent un prétexte, bon ou mauvais, pour descendre dans la rue.
En réalité, ils ont peur. D'un avenir qu'ils savent bouché. Ils
sont furieux. D'être obligé de préparer un examen qui, à force
d'être devenu banal, n'ouvre plus aucune porte. Ils s'ennuient,
50 prisonniers d'un univers scolaire sans prise sur la vie.
Dans les pays où la croissance est moins forte, en Suède, en
Grande-Bretagne, même aux Etats-Unis, qui ont toujours suivi la
même politique d'expansion scolaire, on voit se multiplier les
chômeurs diplômés.
55 Mais l'enseignement est-il destiné aux pères de famille? M. Messmer a raison de dire que l'Ecole, submergée par l'inflation des

élèves, à tous les niveaux, est menacée de faillite. Et que cela ne doit pas continuer. Il y a cependant une solution à laquelle il n'a pas l'air d'avoir pensé au lieu de refouler les

60 enfants, changer l'Ecole.

G. Bonnot. "Faut-il couper les études?" Dans: *L'Express*, 10-9-73 (texte abrégé).

Vocabulaire

stage n.m.: période de formation pratique chez un artisan, dans une usine - *entreprise n.f.:* p.ex.: une usine, un commerce, une exploitation agricole sont des entreprises - *être dupe de qn:* se laisser tromper par qn - *classe de transition:* classe réservée aux élèves faibles auxquels on dispense un enseignement adapté, pour leur donner une dernière chance de rattraper le niveau normal - *clientèle n.f.:* ici: l'ensemble des électeurs - *à titre personnel:* pour lui seul, en privé - *foyer n.m.:* ici: siège principal, centre - *s'entasser:* se réunir en grand nombre, se serrer - *tournure (n.f.) d'esprit:* manière de voir, de comprendre et de juger les choses - *se passionner:* montrer un très grand intérêt - *prétexte n.m.:* raison apparente dont on se sert pour cacher le véritable motif - *bouché,e:* plein, fermé - *prise n.f.:* ici: influence - *submergé,e:* envahi (normalement: couvert d'eau) - *faillite n.f.:* ici: échec, chute - *refouler:* ne pas accepter, repousser.

Etude du texte

1. Quel est le sujet général de ce texte?
2. Jusqu'à quel âge dure la scolarité en France?
3. Pour quelle raison les enfants mentionnés dans le texte doivent-ils entrer en apprentissage à l'âge de 14 ans?
4. A qui profite cette mesure d'après le Premier ministre?
5. Quel est le contexte dans lequel on doit situer les mots du ministre?
6. Quelle est la solution suggérée par l'auteur?
7. Quels sont les types d'énoncé dans ce texte?
8. Essayez de décrire la position politique de l'auteur.

Travaux pratiques

9. Pour la discussion le Français emploie souvent certaines formules dont nous proposons quelques exemples:

Pour exprimer ou souligner son opinion: A mon/notre avis ...
Franchement, je crois que ... - Franchement dit ... - A mon
point de vue ... - En tout cas ... - A vrai dire ... - En ce
qui concerne ...
Pour exprimer l'accord: D'accord. - Bien sûr. - Ça oui. - Tu
as/vous avez raison.
Pour exprimer une opinion contraire: Je ne suis pas de ton/
votre avis. - Tu as tort. - Vous vous trompez. - De toute
façon ... - Pas du tout, mais au contraire. - Tu crois? -
Vous pensez, vraiment?
Pour marquer une restriction: Bien sûr, mais ... - Cela se
peut/Cela se pourrait, mais ... - D'ailleurs; en outre; de
plus (pour ajouter une raison de plus).
Pour exprimer l'incompréhension: Vous dites? - Pardon! - Comment? - Qu'est-ce que vous voulez dire par cela? - Qu'est-ce
que vous entendez par cela?
Pour dire que l'expression n'est pas à la disposition de
celui qui parle: Comment dirais-je? - Comment l'expliquer? -
Pardon, je ne trouve pas le mot qui convient. - Un truc dont
j'ai oublié le nom.
Pour exprimer l'étonnement ou l'ignorance: Tiens! - Ah, je ne
savais pas. - Vous trouvez? - J'ignorais.

Cherchez encore d'autres formules. Employez-les dans la discussion (voir question no. 11).

Discussion

10. Cette mesure correspond-elle à la situation du marché du
    travail en France? Tenez compte du texte "Il y a chômeurs
    et chômeurs".
11. Formez deux équipes qui défendront une thèse opposée: Les
    élèves qui échouent - même au niveau le plus bas de l'école -
    doivent la quitter. Ces élèves-ci doivent être formés à
    l'école.

Les jeunes gens du voyage

Marianne a pris la route. Pour ses amis, elle est sûrement sur
la Côte d'Azur. Elle aimait tellement le soleil. D'un coup, elle
est devenue l'héroïne du quartier. C'est la plus belle, la plus
5 folle, la plus intelligente. "Elle n'a pas besoin de rêver.
Elle a pris la route", soupire Martine, sa meilleure amie.
Quelques jours plus tard, à Caen, dans une petite chambre, Sylvain
baisse le pick-up, une copine vient d'entrer. C'est Elisabeth,
17 ans. Une toque de cheveux blonds et des joues enfantines, elle
10 dit, comme une farce: "Je m'en vais demain, j'en ai assez de tout.
Tu connais quelqu'un qui m'accompagnerait?" Sylvain n'a pas hésité.
Ils sont partis en stop, avec quelques livres. Les préférés,
Baudelaire pour Elisabeth, Artaud pour le fils de l'instituteur.
Destination Amsterdam.
15 Aujourd'hui c'est la route qui fait rêver. Entre eux, les "échap-
pés" de la civilisation moderne s'appellent les routards. Quelles
routes? Toutes. Et surtout celles qui conduisent aux villes colo-
nisées par la nouvelle culture hippie-pop. L'Express a suivi l'un
des chemins les plus fréquents: Lille - Amsterdam.
20 Le Paradisio. En plein cœur d'Amsterdam, une ancienne église
est le rendez-vous des rêves. Dans un seul immeuble, un kaléidoscope de salles, bars, orchestres, cinéma. C'est à côté, dans la
salle du "petit train" que nous avons retrouvé Elisabeth et
Sylvain, les copains de Caen. Contents? Oui. Et les parents?
25 Sylvain affirme: "Ils ont un peu réfléchi." Puis, un éclair de
petit garçon dans les yeux, il ajoute: "Mais ce sera difficile
d'expliquer à maman que je n'ai pas fait ça contre elle." Elisabeth se lève et montre du doigt un groupe de jeunes. "Regarde,
dit-elle, on se ressemble tous apparemment. Tous plus ou moins
30 fous, tous les mêmes fringues, les mêmes cheveux. En fait, on
est comme les grosses maisons qui bordent les canaux d'Amsterdam.
Toutes pareilles et toutes différentes."
Mais pour vivre comment font-ils? Elisabeth et Sylvain se sont
improvisés "hôteliers". Ils tiennent le "Roma", une vaste péniche
35 ancrée sur le canal Singel. Pour l'équivalent de 5 F la nuit,
ils offrent une couchette et une couverture. C'est la méthode du
sleeping-boat, très répandue actuellement à Amsterdam. Trois ou
quatre "industriels" de la jeunesse à la dérive ont acheté une
dizaine de péniches. Ils y placent des gérants jeunes et le

40 plus souvent échoués là par hasard, et prennent les trois quarts
    des recettes.

    D'autres restent indépendants. Comme Daniel, 17 ans, qui passe
    ses journées allongé sur les marches de la place du Dam avec des
    amis. Cette métaphysique appliquée est interrompue de temps à
45 autre pour une ou deux semaines de travail dans une usine de
    cigarettes. Ou le lycéen de Rosny-sous-Bois, 16 ans, qui vend des
    bijoux. Avec leur Katmandou au cœur ils ont parfois l'air noyé,
    les gosses d'Amsterdam. Car, enfin, aussi loin soit-il le bout
    du voyage, qu'ont-ils trouvé? Des amis? Plutôt des compagnons
50 d'évasion. "Tous différents", comme disait Elisabeth. Tous em-
    pêtrés dans des problèmes trop personnels pour partager. Une
    société nouvelle? Il ne faut pas être naïf. Les industriels de
    la jeunesse guettent leur proie avec trop de convoitise.

    Qu'ont-ils appris? Ils rentrent tous. Les statistiques de la
55 police sont formelles. Mais comment se passe ce retour? Comment
    vivent-ils après? Nostalgiques ou cyniques?

    Souvent, ils ont une adresse en poche en cas de malheur: 30, Ca-
    nal Amstel. C'est le Yac (Youngen Advis Centrum). Là, des méde-
    cins et des psychologues accueillent les jeunes venus de toute
60 l'Europe. On ne donne ni son nom ni son origine, et les conseils
    sont gratuits. C'est le succès. "Pour nous, chacun est l'expert
    de son propre problème, précise un psychologue, qu'il soit drogué,
    voleur, déserteur, mauvais élève ou n'importe quoi: le Yac n'est
    qu'expert en solutions. Car leur problème à tous c'est de vivre."
65 Les fugues des enfants laissent un goût amer d'échec aux adultes.

    La fuite d'un enfant est toujours ressentie et vécue comme une
    accusation. Les parents de Marianne faisaient le bilan des fautes,
    des reproches. Et, pour finir, comme pour tout effacer, l'émouvant
    "On va la reprendre, les deux bras ouverts." "Quand ça vous arrive
70 c'est un coup de marteau, un projecteur sur toutes les petites
    choses passées qui pourraient aider à comprendre", nous confie le
    père de Daniel.

    L. Sichler. "Les jeunes gens du voyage". Dans: *L'Express*, 3-4-1972
    (texte abrégé).

    <u>Vocabulaire</u>

    prendre la route: partir - *baisser le pick-up:* mettre le
    tourne-disque moins fort - *toque n.f.:* ici: une masse impor-

tante de cheveux - *fréquenté,e:* où il y a beaucoup de monde -
kaléidoscope n.m.: ici: mélange de choses diverses - *fringues n.f.*
pl.(pop.): vêtements - *péniche n.f.:* bateau plat utilisé sur les
fleuves pour le transport de marchandises - *ancrer:* fixer au
fond de l'eau - *équivalent n.m.:* valeur, somme qui a la même
valeur - *couchette n.f.:* sorte de lit que l'on trouve dans les
bateaux, dans les trains - *à la dérive:* qui n'est plus guidé,
conduit - *gérant n.m.:* personne placée à la tête d'une entreprise,
d'une maison pour la diriger - *recette n.f.:* total des sommes
d'argent reçues - *empêtrer:* gêner, embarrasser - *guetter la*
proie: observer l'animal que l'on veut prendre, ici: vouloir
profiter de qn - *convoitise n.f.:* désir exagéré, très grande
envie - *fugue n.f.:* escapade, absence plus ou moins longue sans
avoir prévenu auparavant - *marteau n.m.:* (Hammer).

Etude du texte

1. Expliquez le titre de cet article.
2. Quelles sont les différentes parties de cet article? Dans
   quel ordre l'auteur expose-t-il les faits?
3. Expliquez la phrase: "... on est comme les grandes maisons
   qui bordent les canaux d'Amsterdam. Toutes pareilles et
   toutes différentes."
4. Est-ce que la vie à Amsterdam correspond aux rêves des jeunes
   gens? N'y a-t-il pas de nouvelles dépendances?
5. Comment les jeunes arrivent-ils à résoudre leurs problèmes?
6. Comment les jeunes gens sont-ils accueillis chez eux quand
   ils rentrent?
7. A quoi sert ici le discours direct?
8. Essayez de reconnaître l'attitude de l'auteur.
9. A quel public de lecteurs l'auteur s'adresse-t-il?

Travaux pratiques

10. Faites un commentaire en tenant compte des points suivants:
    a) Motifs des départs; b) les buts; c) les expériences les
    plus importantes; d) motifs du retour; e) l'attitude des
    parents.

Discussion

11. Les fugues sont-elles un symptôme de la société de

consommation et d'abondance? Leur nombre diminue-t-il à une
époque d'austérité et de récession? Est-ce un phénomène plus
général? Un phénomène psychologique? Justifiez votre
opinion.

12. L'abaissement de l'âge de la majorité ne rend-il pas ces
évasions superflues?

L'abaissement de la majorité. Un discours à l'Assemblée Nationale

Mesdames, Messieurs, au nom du groupe des réformateurs démocrates
sociaux de cette Assemblée, je viens vous dire à quel point nous
souhaitons que l'âge de la majorité soit abaissé à 18 ans ...
5   Ce choix de la majorité à 18 ans n'est pas une faveur faite à
la jeunesse. Au contraire, c'est une exigence à son égard. C'est
requérir sa pleine participation à la vie nationale, parce
qu'elle le mérite et parce que le pays a besoin d'elle. C'est
aussi lui conférer sa pleine autonomie en matière civile et
10   pénale, avec tous les risques que cela comporte.
Outre le fait que cette réforme correspond aux vœux de la
jeunesse qui la réclame ardemment, nous l'exigeons, quant à
nous, pour trois raisons fondamentales: elle correspond à la
nature des choses, elle est juste et équitable, elle est
15   nécessaire.
Cette réforme correspond à la nature des choses: historiquement
nous avons assisté en France à un abaissement progressif de l'âge
de la majorité électorale qui est passé de 30 ans en 1814 à
25 ans, puis à 21 ans et sera maintenant de 18 ans, soit 12 ans
20   de moins en 160 années. Aujourd'hui, de très nombreuses déro-
gations à la majorité à 21 ans existent pratiquement dans tous
les domaines de la législation. En voici quelques exemples: la
majorité pénale est fixée à 18 ans, la législation du travail
reconnaît la possibilité, dès l'âge de 16 ans, de participer
25   aux élections des comités d'entreprise; le service national
peut être effectué à partir de 17 ans; les Français sont libres
de se marier dès 18 ans et les Françaises dès 15 ans, avec le
consentement de l'un de leurs parents et acquièrent de ce fait
la majorité civile; le code de la nationalité française permet,
30   dès l'âge de 18 ans, de revendiquer la nationalité française ou
de demander sa naturalisation; enfin, depuis 1964, il est loisible
aux parents d'émanciper leurs enfants à l'âge de 18 ans, selon

une procédure très simple ...

En second lieu cette réforme est juste. En effet, la part que
35 prennent les jeunes dans la vie nationale croît sans cesse quantitativement et qualitativement.

Quantitativement d'abord, les jeunes sont de plus en plus nombreux entre 15 et 24 ans, c'est-à-dire à l'âge des débuts dans
la vie professionnelle et civile. De sept millions en 1965, ils
40 sont aujourd'hui neuf millions dans notre pays. Parmi les
2 500 000 qui sont âgés de 18 à 21 ans et qui deviendront majeurs
si le présent projet est adopté, les deux tiers accèdent déjà au
marché du travail. Qualitativement ensuite, les jeunes, recon-
naissons-le, sont de plus en plus aptes à choisir eux-mêmes, ce
45 qui s'explique par une évolution très normale des mœurs dans un
pays moderne comme le nôtre. Cette évolution est provoquée par des
phénomènes tels que la prolongation de la scolarité, la générali-
sation des moyens d'information, notamment audio-visuels, et une
mobilité accrue qui permettent aux jeunes d'échapper plus rapide-
50 ment à la cellule familiale et d'assumer beaucoup plus tôt leurs
responsabilités. Or, paradoxalement,..., les jeunes vivent dans
une société régie par des lois faites par les représentants
d'hommes et de femmes de plus en plus âgés. Cela n'est pas juste;
il faut en changer.

55 Enfin, troisième volet, cette réforme est nécessaire. Tout d'abord
pour les jeunes eux-mêmes qui y trouveront le plein exercice de
leur libre arbitre car, se comporter en adulte, c'est précisément
assumer ses responsabilités dans la société.

Mais cette réforme est surtout nécessaire pour le pays. La nation
60 a besoin de la participation et de l'influence de sa jeunesse, car
la jeunesse porte en elle le dynamisme, la générosité et l'imagi-
nation. Elle porte aussi l'avenir et, s'il est vrai que nos lois
sont faites pour le présent et peuvent être modifiées - nous en
avons aujourd'hui la preuve - l'expérience montre aussi qu'elles
65 durent, parfois longtemps, comme ce fut le cas pour la majorité
à 21 ans, et que, par conséquent, elles engagent l'avenir.

Il ne faut pas craindre que la jeunesse remette les choses en
question: c'est éminemment son rôle, dans une société qui se
cherche et qui évolue, et nous ne pourrons plus dorénavant juger
70 son attitude irresponsable.

Il faut, au contraire, avoir confiance dans la jeunesse, souhai-

ter que de plus en plus de jeunes viennent à la vie politique
et participent pleinement à nos institutions et à nos as-
semblées. On doit même souhaiter qu'à l'instar de l'âge élec-
75 toral, l'âge de l'éligibilité soit, lui aussi, abaissé afin de
favoriser précisément l'entrée des jeunes dans la vie politique
comme dans la vie sociale et économique. La France est devenue
un pays jeune par sa démographie. Il est essentiel qu'elle le
soit par la nature de ses institutions et dans ses orientations
80 politiques et sociales. La réforme que nous préconisons est un
élément indispensable si l'on veut assumer ce choix.
(Applaudissements sur les bancs des réformateurs démocrates
sociaux).

L. Bouvard. "L'abaissement de la majorité". Dans: *Journal Offi-*
ciel de la République Française. No 35 A.N. 26-6-1974 (texte
légèrement abrégé).

Vocabulaire

faveur n.f.: un plaisir, une complaisance qu'on fait à qn -
exigence n.f.: ce qu'on réclame, exige de qn - *à son égard:*
envers qn - *requérir:* demander, exiger - *participation n.f.:*
le fait de prendre part à qc, collaboration, le fait d'apporter
son concours - *conférer:* donner, attribuer - *pénal,e adj.:* qui
a rapport aux peines (punitions) entraînées par des délits
(vol etc.) - *comporter:* contenir - *ardemment:* très fortement,
avec ardeur - *équitable adj.:* conforme à la justice naturelle -
dérogation n.f.: le fait de s'écarter d'une loi, d'une règle -
comité (n.m.) d'entreprise: réunion de personnes choisies pour
représenter toute l'entreprise et discuter les questions qui
la concernent - *effectuer:* faire - *consentement n.m.:* accord,
autorisation - *acquérir:* obtenir - *revendiquer:* demander, ré-
clamer une chose à laquelle on considère avoir droit - *naturali-*
sation n.f.: le fait de donner la nationalité du pays où elle
réside à une personne d'une autre nationalité - *croître:* gran-
dir, augmenter - *tiers n.m.:* si l'on divise qc en trois parties
égales chacune de ces parties est un tiers - *prolongation n.f.:*
action de prolonger (rendre plus long) dans le temps (p.ex. dans
le football) - *accru,e:* participe passé de *accroître* -
allongement n.m.: accroissement, le fait de devenir plus long -

régi,e: dirigé, gouverné - *volet n.m.:* ici: partie, point - *générosité n.f.:* la qualité d'être généreux, de donner sans compter - *dorénavant:* à l'avenir - *à l'instar de:* à l'exemple de, à la manière de - *démographie n.f.:* étude statistique des populations - *indispensable:* absolument nécessaire, dont on ne peut pas se passer.

Etude du texte

1. Indiquez en peu de mots la situation et la position de l'orateur.
2. Quelle est l'évolution de l'âge de la majorité depuis le début du 19e siècle?
3. Dans quels domaines y a-t-il déjà des exceptions à la majorité à 21 ans?
4. Qu'est-ce que l'orateur entend par une "réforme juste"?
5. Pourquoi l'orateur tient-il la jeunesse pour capable de prendre part aux décisions de la communauté?
6. Qu'est-ce qui montre - d'après l'orateur - la nécessité de cette réforme?
7. Quelle attitude envers la jeunesse est la seule raisonnable - selon le député? Pourquoi?
8. Quelles sont les parties de ce discours? Pour mieux les distinguer tenez compte des indications que fait l'orateur lui-même.
9. Pour reconnaître et juger le style de ce discours regardez
   a) la longueur et la structure des phrases,
   b) les figures rhétoriques, p.ex.: les anaphores (deux ou plusieurs propositions commencent par le(s) même(s) mot(s), les antithèses, les redondances (mots ou expressions non exigés par le contenu, mais ayant quand même une fonction stylistique), les énumérations et parallélismes,
   c) le niveau du vocabulaire.
10. A qui s'adresse l'orateur? A-t-il des adversaires parlementaires? Quelle est la fonction de ce discours?
11. Est-ce que tous les arguments vous semblent de même valeur? Y en a-t-il quelques-uns qui ne vous convainquent pas? Si oui, lesquels et pourquoi?

Discussion

12. Pensez-vous que cette réforme atteigne son but, c'est-à-dire,

qu'elle assure une plus grande participation des jeunes
aux affaires de la communauté? Justifiez votre opinion.

<u>Travaux pratiques</u>

13. Imaginez que J. Dutourd soit député à l'Assemblée Nationale
    et réponde au député Bouvard. Relisez pour cette raison le
    texte "Sujet ennuyeux" et rédigez un petit discours en vous
    concentrant sur les points les plus importants.

Rouen: le bal des loubars

"Rouen la bagarre", "la nuit des casseurs à Rouen", "le western
de Rouen": après les incidents qui ont interrompu, l'autrè week-
end, le bal de la Libération dans la bonne ville de M. Jean Leca-
5 nuet, la violence verbale succède à celle des "loubars".
Depuis le début de la soirée, vendredi 30 août, l'orchestre
Brocoletti entraîne dans la danse plus d'un millier de personnes.
Les policiers en civil se mêlent discrètement à la foule en fête.
Du coin de l'œil, ils surveillent tout ce qui porte jeans,
10 bottines ou blousons. Car ils sont venus, les jeunes "zonards",
filles et garçons, pour danser, boire et chercher la bagarre.
Elle éclata à minuit et demi, provoquée par un rien. Elle durera
trois heures, pendant lesquelles une centaine d'adolescents
donneront l'assaut au commissariat. A mains quasiment nues. Au
15 passage, ils s'en prennent aux fleurs, aux poteaux de bus et, dans
la rue de la République, où se côtoient des commerces cossus,
brisent quinze vitrines et volent quelques vêtements.
Mais, au bas de la rue de la République, le directeur de l'Hôtel
de Bordeaux sort avec un fusil, tire en l'air. Puis, ivre de rage
20 - "il faudrait des policiers partout" - rédige une pétition qu'il
adresse aux autres commerçants de la rue. Il leur propose "de
créer un comité d'autodéfense qui ne sera ni plus ni moins qu'une
milice."
Fermement rappelé à l'ordre par M. Lecanuet, M. Hodèche affirme
25 aujourd'hui: "Bien sûr, j'ai abandonné ce projet". N'empêche,
l'idée, à la prochaine occasion, ne manquera pas de faire du
chemin. Et, dans quelques semaines, ce sont les jeunes mani-
festants - 36 inculpés - qui subiront la "grande fermeté" pro-
mise par le maire.

30 Pour les accabler, on fait remarquer qu'ils viennent de la
banlieue, du quartier Grammont. Du côté de la zone industrielle,
un immense terrain planté d'H.L.M. Depuis les balcons on aperçoit
les rails du dépôt SNCF ou les abattoirs. Huit mille personnes
vivent dans ce quartier sans vie. Trois commerces se partagent
35 la clientèle locale. Ni cinéma ni même une maison pour les jeunes,
qui représentent plus de 50% de la population. "Dès leur plus
jeune âge, les gosses sont livrés à eux-mêmes, explique Fernand,
le directeur du centre social. A 8 ans, ils jouent déjà aux jeux
d'argent; à 16 ils piquent des vélomoteurs, fauchent dans les
40 magasins et cherchent, souvent en vain, du travail parce que les
employeurs n'aiment pas qu'on vienne de Grammont."
Quand ils "boulonnent" comme Fifi, 16 ans, cheveux dans la figure,
accent gouailleur, ils reversent leur salaire aux parents. Ils
gardent 200 ou 300 Francs d'argent de poche par mois pour s'habiller
45 et s'amuser. "Le soir, devant l'entrée des baraques, on discute
entre copains. Ou alors on chaparde des trucs et on allume des
feux de bois sur le terrain vague. On fait de mal à personne.
Et puis, le samedi et le dimanche, on va au cinéma et bien sûr
au bal. Pour cogner contre les flics, on ne s'en cache pas".
50 "Les poulets restent la seule autorité qu'ils puissent contester,
conclut Fernand, ils ne s'en privent pas".
Beaucoup de bals encore risquent de mal finir.

E. Schemla. "Rouen: le bal des loubars". Dans: *L'Express,* 9-9-1974.

Vocabulaire

loubar n.m.: jeune homme plus ou moins en marge de la société -
bagarre n.f.: échange de coups (de poings ou de pieds) - *casseur
n.m.:* celui qui casse (ici: avec intention) - *bottine n.f.:*
chaussure montante - *blouson n.m.:* veste courte souvent resserrée
à la taille - *zonard n.m.:* habitant de la banlieue, zone située
autour d'une ville - *donner l'assaut:* attaquer - *pétition n.f.:*
réclamation généralement collective - *côtoyer:* être à côté de -
quasiment: presque - *s'en prendre:* s'attaquer à - *poteau n.m.:*
le poteau de bus marque l'arrêt du bus - *cossu,e adj.:* riche -
autodéfense n.f.: l'action de se défendre soi-même - *n'empêche:*
toutefois, quand même - *il ne manque pas de faire qc:* il fera
sûrement - *inculpé n.m.:* accusé - *subir:* supporter, se soumettre

à, être l'objet de qc - *accabler:* charger, accuser encore plus
fort - *H.L.M.:* Habitation à loyer modéré, des logements où l'on
peut loger à un prix assez bas. Ces logements sont souvent im-
personnels et assez mal bâtis - *abattoir n.m.:* établissement où
on tue les animaux - *gosse n.m. (fam.):* garçon - *piquer (fam.):*
voler - *faucher (fam.):* voler - *employeur n.m.:* celui qui emploie
des salariés, ouvriers - *boulonner (fam.):* travailler -
gouailleur,se adj.: moqueur, qui aime plaisanter - *chaparder (fam.):*
voler (de petites choses) - *cogner contre:* battre - *poulet n.m.*
(fam.): ici: agent de police.

Etude du texte

1. Que signifie le titre? A quel malentendu (voulu) se prête-t-il?
2. Pourquoi l'auteur parle-t-il de la "bonne ville"?
3. Quel est le but de l'attaque des jeunes? Comment s'y prennent-ils?
4. Quels sont les mobiles de M. Hodèche?
5. Quelles sont les conditions dans lesquelles vivent les loubars?
6. Pourquoi s'en prennent-ils aux agents de police?
7. a) Est-ce que l'auteur décrit un fait divers isolé? Ou essaie-t-il
   de voir le fait d'une façon plus générale?
   b) Est-ce qu'il s'agit d'un article vraiment objectif où
   l'auteur ne prend pas position?
8. A quel public l'auteur s'adresse-t-il?

Discussion

9. La création d'une milice: Quels sont les dangers que court
   l'autojustice?
10. Comment pourrait-on aider ces jeunes? Qui pourrait prendre des
    initiatives?
11. Prenez la position de M. Hodèche/d'un agent de police/d'un
    homme chargé de s'occuper de la jeunesse.

Travaux pratiques

12. Faites un commentaire en vous orientant sur les points suivants:
    Le bal de la Libération; réactions des différentes gens; causes
    de la naissance de bandes juvéniles (et de la violence); posi-
    tion de l'auteur.

Vocabulaire syntagmatique

Difficultés familiales

Les différences | d'âge | d'époques

La démission parentale

Une surveillance trop stricte

La leçon faite sans cesse aux enfants

La différence de mentalités

L'incompréhension

Trop d'intérêts financiers

Un manque de respect mutuel

→ **pouvoir** →

provoquer / faire naître

causer / comporter

produire

avoir pour résultat

aboutir à

→ (entre les parents et les enfants)

des conflits

des disputes

la mésentente

un mauvais climat

la rupture de la

l'éclatement de la famille

la destruction

L'école

entrer à l'école

retourner | aux classes | aux études

continuer ses études

entrer en apprentissage

→ **pour** →

acquérir des connaissances

obtenir un diplôme scolaire

ne pas faire "le boulot" d'un manoeuvre

pouvoir gagner de l'argent

avoir un(e) poste(place) de travail

éviter le chômage

avoir une meilleure situation

préparer | le C.A.P.

faire | le baccalauréat

passer

→ **pour** →

pouvoir choisir librement sa profession

avoir accès à l'université

réaliser sa promotion sociale

Désirs et craintes des jeunes

vouloir
gérer leurs budgets, leurs affaires
subvenir à leurs besoins
acquérir des appareils de musique | pour | être à la page
acheter des motos | suivre la mode
être indépendants financièrement/juridiquement

requérir
revendiquer
demander
exiger
un abaissement de l'âge de l'éligibilité
une nouvelle responsabilité
une augmentation de salaire
la création de nouveaux postes de travail

craindre
avoir peur (de)
le manque de débouchés/de postes de travail
le chômage (partiel)
le licenciement
un échec à l'examen
la faillite de leur entreprise
le risque financier
devoir déverser tout le salaire aux parents
se contracter des dettes
le travail à la chaîne

Les mesures parlementaires

accorder
octroyer
attribuer
donner
conférer

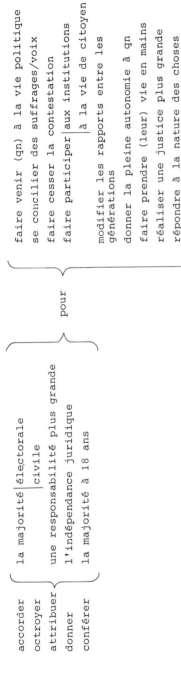

la majorité | électorale
             | civile
une responsabilité plus grande
l'indépendance juridique
la majorité à 18 ans

pour

faire venir (qn) à la vie politique
se concilier des suffrages/voix
faire cesser la contestation
faire participer | aux institutions
                 | à la vie de citoyen

modifier les rapports entre les générations
donner la pleine autonomie à qn
faire prendre (leur) vie en mains
réaliser une justice plus grande
répondre à la nature des choses
intégrer qn dans la société
répondre aux voeux de la jeunesse

Les marginaux

les zonards | se regrouper en bandes
les loulous | refuser toute autorité
les marginaux | s'en prendre aux choses
               | chercher la bagarre
               | avoir choisi l'indépendance
les routards | s'être évadé
               | avoir pris la route

parce que

ne pas connaître une vie de famille
ne pas encore connaître de responsabilité
refuser la société établie
vivre dans des zones industrielles
ne pas avoir de formation professionnelle
être inexpert de ses propres problèmes
être trop gâté
rejeter le monde tel qu'il est
en avoir assez/marre/ras le bol
désirer un monde utopique